아빠표

영어 구구단

+파닉스

3

인칭

★ 시작하기 전에

내가 좋아한다는 I like(아일 라익 ㅋ)이고
그가 좋아한다는 He likes(히 라익 ㅆ)임을
알려주고 하루~일주일 동안 수시로 반복해서
물어보세요.

예시)
'내가 좋아한다'가 I like(아일 라익 ㅋ)이면
'그가 좋아한다'는? (히 라익 ㅆ)

함께 고생한 딸
루나에게 감사드립니다

책을 집필할 수 있도록
다함을 봐주신 부모님과
어린이집 선생님들께 감사드립니다

대답할 수 있을 때까지 충분히 기다려주세요.
아이와 함께하는 즐거운 시간에 집중해주세요.

Miklish*

² 나는 (영어로) 뭐지?

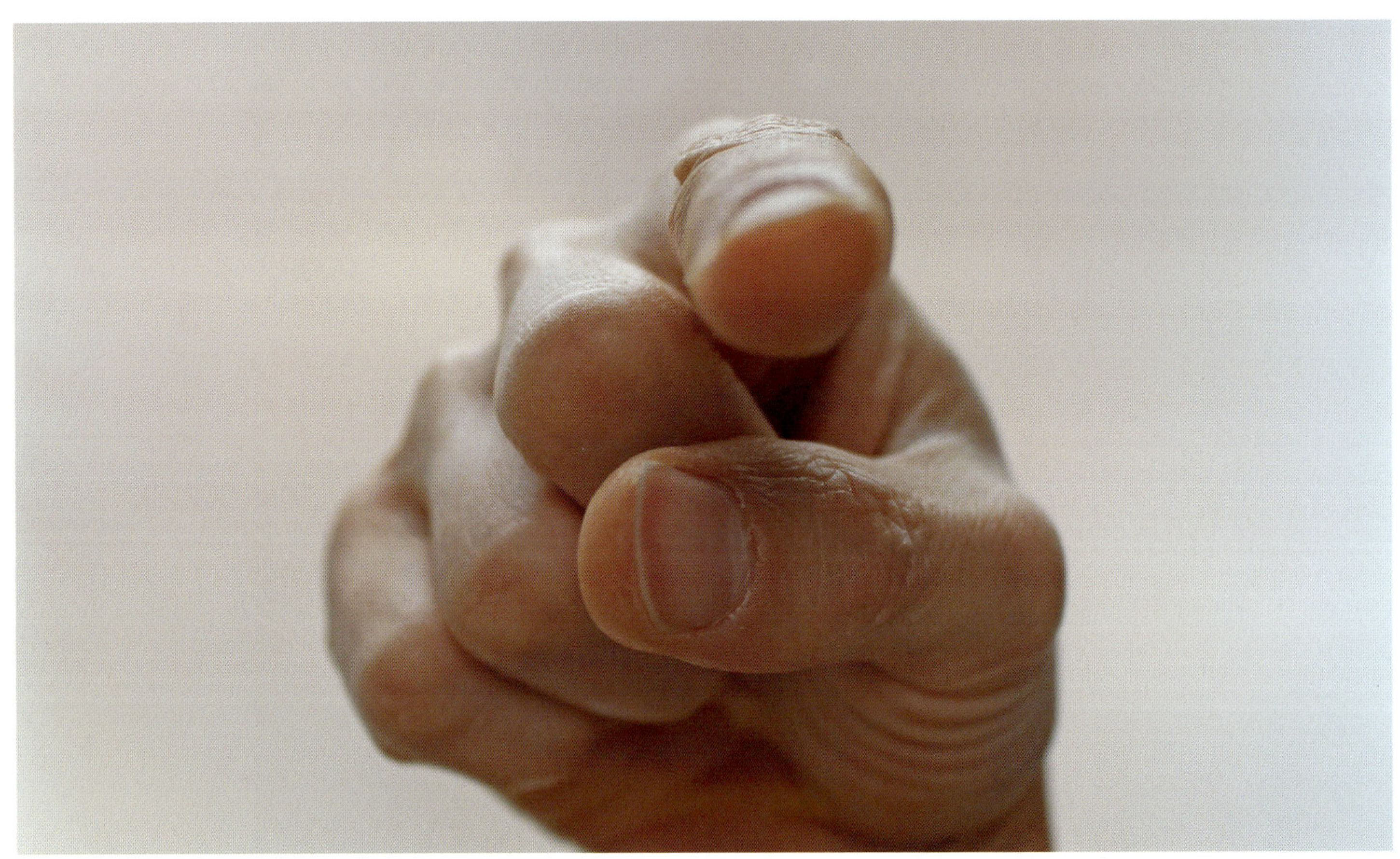

 나는=I / 그는=he   가=g ㅏ / 카=k ㅏ   라=l ㅑ / 라=r ㅏ   다=d ㅏ / 타=t ㅏ   바=b ㅏ / 파=p ㅏ   바=b ㅏ / 바=v ㅏ   파=p ㅏ / 파=f ㅏ

² 그는 (영어로) 뭐지?

he

1 나일 때는 give, 그일 때는 gives (따라 해봐 give, gives)
2 내가 준다가 I give면 그가 준다는? (He gives)

³나는 한 열쇠를 준다는?

'나'와 '너' 외에 다른 '한 명'은, 움직임에 대한 말 뒤에 '즈'나 '스'를 붙여야 해. (자세한 내용은 MP3 강의 참고)

입 안쪽에서 소리 내는 g: 목이 울리는 소리 / k: 목이 울리지 않는 소리

I give a key.

 나는=I/그는=he 가=gㅏ/카=kㅏ 라=lㅑ/라=rㅑ 다=dㅏ/타=tㅏ 바=bㅏ/파=pㅏ 바=bㅏ/바=vㅏ 파=pㅏ/파=fㅏ

⁴그는 한 열쇠를 준다는?

He gives a key.

³나는 빨간색을 좋아해는?

혀를 움직이며 소리 내는 l: '을'에서 시작하는 ㄹ (혀가 입천장에 닿는다) / r: '우'에서 시작하는 ㄹ (혀가 입천장에 닿지 않는다)

 나는=I/그는=he   가=gㅏ/카=kㅏ   라=lㅏ/라=rㅏ   다=dㅏ/타=tㅏ   바=bㅏ/파=pㅏ   바=bㅏ/바=vㅏ   파=pㅣ/파=fㅏ

⁴그는 빨간색을 좋아해는?

He likes red.

1 나일 때는 drive, 그일 때는 drives (따라 해봐 drive, drives)
2 내가 운전한다가 I drive면 그가 운전한다는? (He drives)

³나는 한 트럭을 운전한다는?

치경(치아 안쪽 잇몸의 딱딱한 부분)에서 소리 내는 d: 목이 울리는 소리 / t: 목이 울리지 않는 소리

I drive a truck.

 나는=이/그는=he 가=gㅏ/카=kㅏ 라=ㅣㅏ/라=rㅏ 다=dㅏ/타=tㅏ 바=bㅏ/파=pㅏ 바=bㅏ/바=vㅏ 파=pㅏ/파=fㅏ

⁴ 그는 한 트럭을 운전한다는?

1 나일 때는 believe, 그일 때는 believes (따라 해봐 believe, believes)
2 내가 믿는다가 I believe면 그가 믿는다는? (He believes)

³나는 사람들을 믿는다는?

입술에서 소리 내는 b: 목이 울리는 소리 / p: 목이 울리지 않는 소리

I believe people.

 나는=I/그는=he 가=g ㅏ/카=k ㅏ 라=ㅏ/라=r ㅏ 다=d ㅏ/타=t ㅏ 바=b ㅏ/파=p ㅏ 바=b ㅏ/바=v ㅏ 파=p ㅏ/파=f ㅏ

그는 사람들을 믿는다는?

입술에서 소리 내는 b: 목이 울리는 소리 / p: 목이 울리지 않는 소리

He believes people.

³나는 한 바이올린을 산다는?

I buy a violin.

 나는=I/그는=he 가=gㅏ/카=kㅏ 라=lㅏ/라=rㅏ 다=dㅏ/타=tㅏ 바=bㅏ/파=pㅏ 바=bㅏ/바=vㅏ 파=pㅏ/파=fㅏ

⁴ 그는 한 바이올린을 산다는?

He buys a violin.

1 나일 때는 put, 그일 때는 puts (따라 해봐 put, puts)
2 내가 놓는다가 I put면 그가 놓는다는? (He puts)

3 나는 음식을 놓는다는?

내용상은 문장 뒤에 '어디에' 놓는지 나오는 것이 자연스러워.

목이 울리지 않는 소리: 입술에서 소리 내는 p / 밑입술과 윗니에서 소리 내는 f

I put food.

 나는=I/그는=he 갸=gㅏ/캬=kㅏ 랴=lㅏ/라=rㅏ 댜=dㅏ/탸=tㅏ 뱌=bㅏ/퍄=pㅏ 뱌=bㅏ/뱌=vㅏ 퍄=pㅏ/퍄=fㅏ

그는 음식을 놓는다는?

내용상은 문장 뒤에 '어디에' 놓는지 나오는 것이 자연스러워.

He puts food.

1 나일 때는 feel, 그일 때는 feels (따라 해봐 feel, feels)
2 내가 느낀다가 I feel면 그가 느낀다는? (He feels)

³나는 고통을 느낀다는?

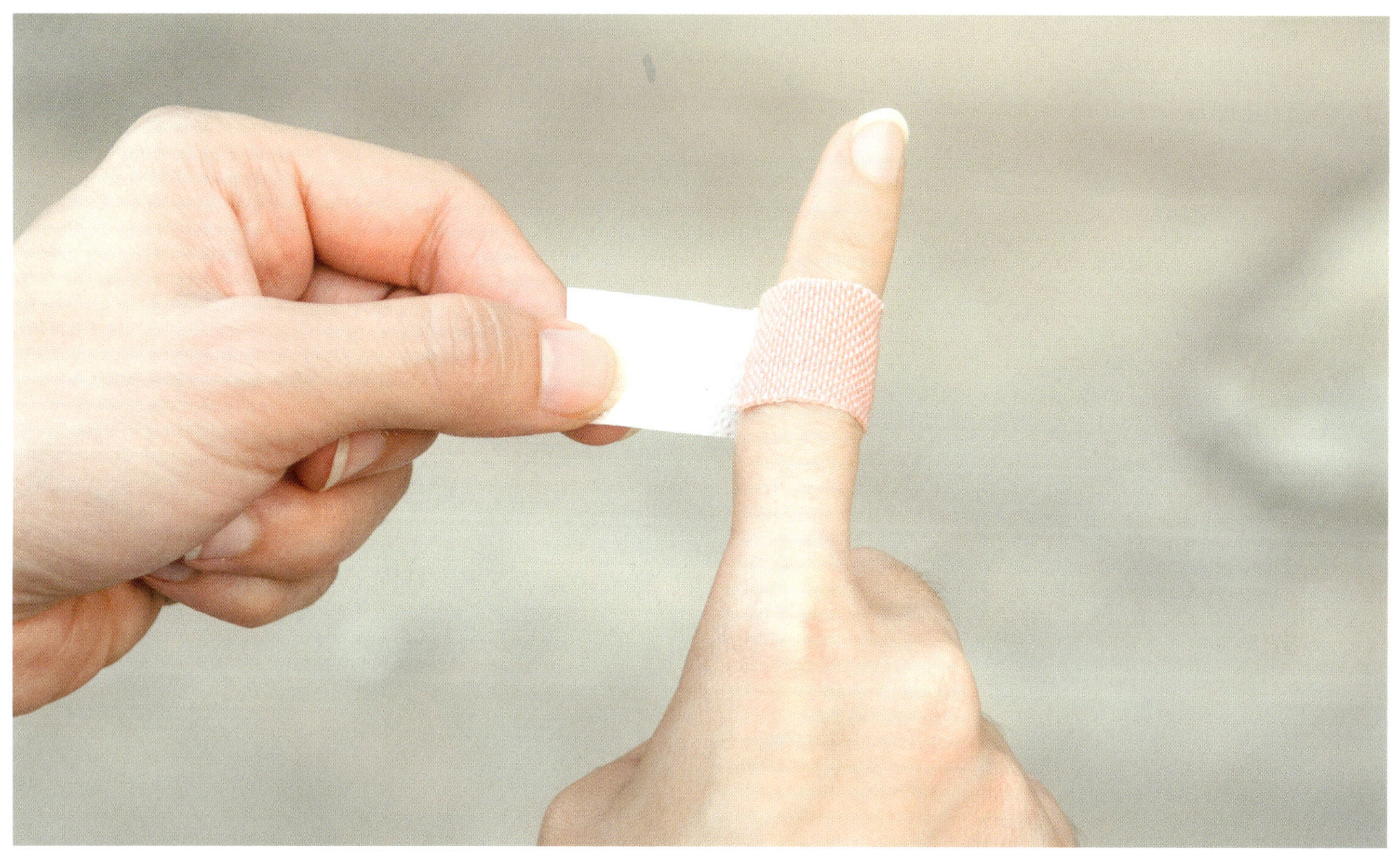

목이 울리지 않는 소리: 밑입술과 윗니에서 소리 내는 f / 입술에서 소리 내는 p

 나는=I/그는=he 가=gㅏ/카=kㅏ 라=lㅏ/라=rㅏ 다=dㅏ/타=tㅏ 바=bㅏ/파=pㅏ 바=bㅏ/바=vㅏ 파=pㅏ/파=fㅏ

⁴ 그는 고통을 느낀다는?

He feels pain.

1 나일 때는 have, 그일 때는 has (따라 해봐 have, has)
2 내가 가진다가 I have면 그가 가진다는?

³ 나는 팔들을 가진다는?

have는 특이하게 haves가 아니라 has로 변해.

목 안쪽에서부터 소리 내는 h: 목이 울리지 않는 소리 / a: 목이 울리는 소리

I have arms.

  나는=I/그는=he 갸=gㅑ/캬=kㅑ 랴=lㅑ/랴=rㅑ 댜=dㅑ/탸=tㅑ 뱌=bㅑ/퍄=pㅑ 뱌=bㅑ/뱌=vㅑ 퍄=pㅑ/퍄=fㅑ

⁴그는 팔들을 가진다는?

목 안쪽에서부터 소리 내는 h: 목이 울리지 않는 소리 / a: 목이 울리는 소리

1.너일 때는 like, 그녀일 때는 likes. (따라 해봐 like, likes)
2.그녀는 영어로 she야. (따라 해봐 she)
3.너는 좋아한다가 You like면 그녀는 좋아한다는? (She likes)

4 너는 빨간색을 좋아한다는?

You like red.

 나는=I/그는=he 가=g ㅏ/카=k ㅏ 라=l ㅏ/라=r ㅏ 다=d ㅏ/타=t ㅏ 바=b ㅏ/파=p ㅏ 바=b ㅏ/바=v ㅏ 파=p ㅏ/파=f ㅏ

⁵ 그녀는 빨간색을 좋아한다는?

1 우리는 we야. (따라 해봐 we)
2 우리는 좋아한다는? (We like)

³우리는 빨간색을 좋아해는?

We like red.

나는=I/그는=he 가=g ㅏ/카=k ㅏ 라=ㄹㅏ/라=r ㅏ 다=d ㅏ/타=t ㅏ 바=b ㅏ/파=p ㅏ 바=b ㅏ/바=v ㅏ 파=p ㅏ/파=f ㅏ

3 그들은 빨간색을 좋아해는?

목이 울리는 th: 혀를 살짝 내민 상태에서 혀와 윗니 사이에서 소리 낸다.

They like red.

파=f ㅏ /파=p ㅏ　　have/has　　너는=you/그녀는=she　　우리는=we/그들은=they　　따=th ㅏ　　따=th ㅏ /따=th ㅏ

1.나읷 때는 thank, 그녀읷 때는 thanks. (따라 해봐 thank, thanks)
2.나는 감사한다가 I thank면 그는 감사한다는? (He thanks)

³나는 너에게 감사한다는?

목이 울리지 않는 th: 혀를 살짝 내민 상태에서 혀와 윗니 사이에서 소리 낸다. 발음기호는 θ.

 나는=I/그는=he 가=gㅏ/카=kㅏ 라=lㅏ/라=rㅏ 다=dㅏ/타=tㅏ 바=bㅏ/파=pㅏ 바=bㅏ/바=vㅏ 파=pㅏ/파=fㅏ

⁴ 그는 너에게 감사한다는?

He thanks you.

²우리는 너에게 감사한다는?

목이 울리지 않는 th: 혀를 살짝 내민 상태에서 혀와 윗니 사이에서 소리 낸다. 발음기호는 θ.

 나는=l/그는=he 가=gㅏ/카=kㅏ 라=lㅏ/라=rㅏ 다=dㅏ/타=tㅏ 바=bㅏ/파=pㅏ 바=bㅏ/바=vㅏ 파=pㅏ/파=fㅏ

² 그들은 너희들에게 감사한다는?

너희들(여러 명)도 you를 사용해.

목이 울리는 th(θ)와 목이 울리지 않는 th(ð): 혀를 살짝 내민 상태에서 혀와 윗니 사이에서 소리 낸다.

빈도순 300단어

부록

원어민 mp3: goo.gl/q2d8ht

1 you 너는, 너를	31 on ~에 접촉해서	61 at ~의 지점에서	91 or 또는	121 sorry 미안한
2 I 나는	32 your 너의	62 look 눈을 향하다	92 because ~하기 때문에	122 happen 발생하다
3 to ~에게, ~하는 것	33 with ~과 함께	63 one 어떤 한 사람, 어떤 한 물건	93 great 대단한	123 guess 추측하다
4 the 그	34 so 그래서, 아주	64 make 만들다	94 talk 말하다	124 work 일하다
5 is 상태나 모습이다	35 but 그러나	65 really 정말로	95 heart 마음, 심장	125 am 상태나 모습이다
6 it 그것은, 그것을	36 she 그녀는	66 why 왜	96 then 그러고 나서	126 maybe 아마도
7 not ~하지 않는다, ~가 아니라	37 all 모든	67 head 머리	97 way 방법, 길	127 down 아래쪽으로
8 that 저, 저것	38 well 잘, 글쎄	68 us 우리를	98 thank 감사하다	128 very 아주
9 and 그리고	39 think 생각하다	69 take 가져가다	99 an 한	129 hope 소망하다
10 do 한다	40 want 원하다	70 mean 의미하다	100 give 주다	130 by ~에 의해
11 have 가지다	41 about ~에 대하여	71 home 집	101 little 약간	131 life 생명, 삶
12 are 상태나 모습이다	42 right 옳은, 오른쪽	72 good 좋은	102 does 한다	132 anything 어떤 것
13 what 무엇은, 무엇을	43 did ~했다	73 time 시간	103 them 그들을, 그것들을	133 wait 기다리다
14 of ~의	44 would ~하려한다	74 help 돕다	104 where 어디(에서)	134 much 많은, 많이
15 me 나를	45 here 여기	75 could ~할 수도 있다	105 gonna (당연히) ~할 것이다	135 any 어떤
16 how 어떻게, 얼마나	46 out 밖에	76 as ~할 때, ~로서	106 never 절대 ~하지 않는다	136 even 심지어
17 know 안다	47 there 거기	77 let 허락하다	107 too 너무	137 off ~에 떨어져서
18 in ~안에	48 like 좋아한다	78 who 누구	108 man 남성, 사람	138 please 부탁합니다
19 go 가다	49 if ~한다면	79 when ~할 때	109 kill 죽이다	139 door 문
20 this 이, 이것	50 her 그녀의, 그녀를	80 love 사랑하다	110 feel 느끼다	140 only 오직
21 get 생기다	51 okay 괜찮은	81 thing ~것	111 guy 사내	141 high 높은, 높이
22 no 누구도 ~하지 않는다	52 can ~할 수 있다	82 back 뒤로	112 should ~해야 한다	142 two 두개인
23 for ~을 위해	53 come 오다	83 were 상태나 모습이었다	113 hear 들리다	143 day 날
24 we 우리는	54 him 그를	84 can't ~할 수 없다	114 our 우리의	144 people 사람들
25 he 그는	55 say 말하다	85 from ~로 부터	115 call 부르다, 전화하다	145 god 신
26 my 나의	56 up 위 쪽으로	86 something 어떤 것	116 find 찾다	146 keep 유지하다
27 was 상태나 모습이었다	57 now 지금	87 need 필요하다	117 try 시도하다, 노력하다	147 show 보여주다
28 just 단지, 막	58 they 그들은	88 his 그의	118 sure 확신하는	148 nothing 아무것도 아니다
29 will ~할 것이다	59 tell 말하다	89 been 상태나 모습이다	119 more 더 많은, 더 많이	149 still 여전히
30 be 상태나 모습이다	60 see 보(이)다	90 some 약간	120 over ~위에	150 believe 믿다